JN440306

내 오랜 이웃의 문장들

이희정 시집

시인동네 시인선 180

이희정 시집

내 오랜 이웃의 문장들

시인동네

시인의 말

인생이 마술처럼 느껴진다.

생의 벼랑마다
보이지 않는 누군가가 흘리고 간
0.1그램의 깃털이
추락하는 나를 기어이 붙들어 주었다.

약한 이를 일으켜 귀하게 쓰신
그분께 두 손 모은다.

2022년 7월
이희정

차례

제2부

제3부

제4부

제5부

제1부

꿈과 꿈

환상과 이상을 오가며 서식한다
곡선의 꿈에 안긴 피카소의 꿈같은

수면과 불면을 사는
꿈과 꿈은 동음이의

미로 속 보이지 않는 헛것을 좇아서
구불구불 환몽의 플롯 따라 쫓기듯

낮과 밤 무지와 몽매
그 촉수로 더듬는

해몽은 후불이라 놓치기 일쑤라서
잃었던 어제를 살까 내일을 훔쳐볼까

오늘은
초현실적인
환불 없는 삶인데

최후의 만찬

콘도르가 다녀갔다, 지상의 양식 앞에
입에는 나이프와 포크가 물려 있었지

하여간 연약한 살점은
간단히 찢어졌다

안과 밖 에토스의 우월한 혀들이
영혼을 옭아맨 단두대의 목줄처럼

목젖이 춤을 추는 밤
허공에 씹힌 근육들

죽어가는 랭보를 친구는 낭송했다
몇 줄 안 되는 그의 리듬과 살 냄새를

간신히 매달려 있던
육즙이 타내렸다

대화의 기술

달변과 눌변 사이 추문이 고인다
매끄러운 말로 애정을 추궁하지만
단속이 단속하지 못할
뒷문을 열고 있다

눌변 앞에 달변은 자꾸 말을 흘린다
끊임없이 발화하는 속죄의 실언들
눌변은 불패의 무기다
말문이 막고 있다

비, 창

창문을 열어두고 베토벤을 듣는데
자꾸만 빗방울이 선율을 밟는다

마음이 빗소리라면
비는 계속돼야지

내리는 추억은 칠월의 창을 흐르고
어제가 사는 창에 강물을 걸어두고

건반을 헛디딘 잃다를
잇다로 듣는 밤

잠시 내 것이다가 잊거나 잃게 된 것들
다시금 잇는 게 빗물의 일이라면

아직은 닫지 못하지
젖은 창의
음표 하나

적막한 이웃

쿵쾅이는 층간 사이 소리가 앓고 있다

아파트는 인간 창고
숙주하는 질환들

불안과 혐오가 뒤섞인 공동의 증후군이다

소음 방지 실내화로는 화음이 될 수 없는
위아래, 따로 똑같은 내선일체 구조 속

높아진 데시벨만큼
천장을 염탐하는 달

너도 봤지? 발꿈치 도려낸 두 발을
도무지 배려가 될 수 없는 두 귀를

문에는 발신자 없는
포스트잇이 붙었다

보들레르 평전

—도서관에서

이곳은 경배의 땅
그림자의 묘역이다

산 자와 죽은 자가 우거져 사는 곳

때 이른 저주에 사로잡혀
농락당한 악의 꽃

몸보다 큰 날개
스스로는 날 수 없어

벼랑 끝 아득한 심연, 추락하는 고독은

단 한 권 죽지뼈에 박힌
앨버트로스의 자서

캄캄한 태양을 뚫고
서가로 날아든

그늘로 가기 위해 더 높이 갇혀버린

눈부신 글라이더의
행방을 묻고 있다

은화과(隱花果)*

피지 않고 수태돼버린 생인 줄 알았다
꽃자루 속 이브가 물고 있는 숨은 상처

만삭의 허기를 안고
수유기를 앓고 있는

지상에 알을 품은 육체는 꽃이다
벌 나비 교접 없이 영그는 붉은 점액

메마른 적막 속으로
산란하는 그 여자

---

*무화과의 다른 이름. 열매 속에 숨은 꽃.

폭포의 신화학

한 알의 밀알이 땅에 떨어져 죽지 아니하면 한 알 그대로 있고 죽으면 많은 열매를 맺느니라.

—요한복음 12장 20절

막 정오를 지났다, 이제 내 차례야
방금 도착한 야생은 야만이 돼버리고
부러진 잔뼈만으로도
신화를 쓸 수 있다

죽어야만 다시 사는 한 줄기 절망을 지나
세속의 역설로 유토피아는 오듯이
적멸은 벌써 왔는데
당신은 대답이 없다

내시경의 역설

가장 좁은 통로로 가장 깊게 들어왔다

광경이 아니라
전망이 기다리는

누구든 부분을 사는 것
전부란 없는 거야

폴리스라인을 뚫고 결핍을 조준한다
모종의 단서가 숨어 사는 지층 아래

소심한 갈망을 본다
전지적 시점으로

이것은 비극을 엿보는 한 방식이다

수직의 질문이
징후를 파고들면

막다른 무의식의 말
아파도 아프지 않다

인사

세상에서 가장 아름다운 시라는데요

반갑고 감사하고 미안한 것들 말예요

그 흔한 미학의 진심은 몇 미터나 될까요

거리마다 진심을 생각하며 걷는데

만나는 꽃들이 진심으로 반가운데

오월은, 진심이라는 시어로 가득한데

스크랩

건장한 헤드라인에 낱낱이 포위되어
포지션 따라 줄 맞춘 활자들 그 사이
예각의 커터 칼날이 가로지른 행간들

이슈가 이슈를 실시간으로 덧칠한
지면마다 시시비비 들끓는 파열음에
팩트는 구겨진 채로 무혈의 접전이다

전모가 드러난 가십은 접어두고
목적지에 소환될 진술은 따라간다
치명적 오독이 없는 재활의 분리수거

여자傳

갈대가 온몸으로 바람을 껴안을 때
박물관 비단 철릭 다 삭은 검정 실밥

일생이 그림자가 된
이름 하나 물고 있다

누에가 제 몸에서 고치를 말아내면
두툼한 월경대 누비 짓듯 한 땀 한 땀

핏방울 한 올 새지 않는
갑옷을 짓고 있다

목숨의 바늘 세워
파고든 저항의 시간

꽉 다문 솔기 속 찢기어진 밀서 한 장

한 여자,

잊힌 역사의 그 뒤편이

올올 붉다

터널 비전*

막차는 어둠을 탄다, 라이트를 켜세요
뚫어지게 달려드는 일인칭 구멍으로
제 몸을 말아 넣는다
질주는 직진한다

길의 배후는 눈 밖의 일, 궁금하지 않다
전조등이 끌고 가는 공복의 출구에
시각은 갇혀버리고
원근은 사라졌다

지구 귀퉁이 한 생의 절망이 추락했다
피 묻은 시야를 바깥으로 내던진다
눈빛은 굴러갈 것이다
지층이 흔들린다

---

*터널 속 끝을 통한 부분만 보이고 주변을 보지 못해 시야가 극도로 좁아지는 현상.

벚꽃 만남

방전을 목전에 둔 만개한 시간처럼

꽃이어도 좋고 벗이어도 좋을 만남

배터리 충전도 없이 한시적인 번개팅

벗보다 벚꽃이 먼저와 보채는 길

온천천 양 갈래 벗과 벚들 팔짱 끼고

뭉쳐둔 분첩 속 분말들 쏟아진 환한 수다

시인

채색된 빨강이 파묵 씨의 입이라면
흘러내린 파랑이 우울 씨의 입이라면
뮤즈는 연금술사의 녹아내린 입일까

달아나 버릴까
달려들어야 할까

그늘에서 그늘로만 부는 바람의 입은
줄지은 까마귀 떼의 적빛으로 몰려올까

기다리는 입은 같다, 출구 없는 시작처럼
뱉었던 색의 상처 가시처럼 삼키며

자신의 꼬리를 물고 도는
우로보로스*가 되는 입

---

*무한을 상징하는 자신을 꼬리를 삼키는 자라는 뜻으로 천상의 뱀 또는 용.

제2부

오원(悟園)을 재생하다
— 취화선

#1

나도 원이오, 세상이 뭐라든 말이오

새를 그리면 날고, 말을 그리면 날뛰듯

궁정의 화폭 뛰쳐나와 취기를 문 붓끝

쓸 수 있는 글자라곤 이름 석 자뿐이오

스크린을 삼키는 날 것의 아우성에

화필은 경계를 지우듯

바람을 찢고 있다

#2

제 한 몸 불구덩이에 밀어 넣은 그 남자

뒤엉킨 늙은 매화 힘 겨루는 가지에

어린 꽃 피워 문 꽃눈, 늙음 속에 다시 핀다

생의 눈 단숨에 불살라야 닿는 그 길

일획이 만획이고 만획이 일획이라

한 폭의 만취한 몸이

자막을 나오고 있다

책갈피의 기분*

읽는다는 것은,
견딘다는 것이지

속지를 뒤채는 뾰족한 감정들에
한없이 납작해진 몸
옴짝달싹 못하고

건너온 스토리,
가야 할 다음 사이

접질린 전개에 자욱하게 피는 갈등
복선에 물린 활자들이
엔딩을 캐고 있는

조각조각 이어진 플롯의 패턴 아래

읽어야 할 서사를 베고 누운 풀처럼

꼭 물린 휴지의 시간,
반전이 기다린다

---

*김먼지의 책 제목.

눈높이 우화

새들의 공중에는 높이 따위는 없다

높이란 지상에서의 층계일 뿐이다

더 높이 날기 위해서 날지는 않는다

조나단에게 씌워진 눈은 인간의 것

그들에게 학습은 무리 지어 나는 것

우화란, 안경을 깨고 새 눈으로 보는 것

금달래

발정 난 햇살이
사이렌처럼 퍼지는 날

만개한 에로스의 붉은 입술 귀에 꽂고

쨍쨍한 허공을 찢으며

소리 없이
피는 입술

나의 2월

지레 짚어버린 헛디딘 마음이었나

모자란 쪽수만큼
뜯겨나간 페이지

연약한 낱장의 밀어,
덧창에 속살대는

풋정을 부려놓기에 좋은 날이었나

노트북만 한 테이블에
걸어둔 메타포

파일 속 꺼낼 듯 말 듯
수줍은 고백이다

꽃샘 기척에 로그인 없이 가버리려나

깨금발 절룩이듯
다리가 짧은 행간

아직도 낚아채지 못한,
한 줄의 종장 같은

봄, 불면

달빛에 창문은
푸덕이며 몸살이다

유배된 낮의 꿈에
잠겨버린 자물쇠

얼마나
많은 열쇠를 잃고서야

봄이 올까

짖고 있다

만조다, 갇혀 있던 우울들이 밀려와
때 아닌 겨울 해변을 왈칵 쏟아내고

커피숍 유리문에는
반쯤 뜯긴 잠정 휴업

뭍에서 바다로,
바다에서 뭍으로 온
몇 권의 시인들을 에코백에 담아 싣고
더블샷 에스프레소가 찾아서 돌고 도는

백미러에선 파도가 하얗게 짖고 있다
낯선 방문객에 짖어대는 백구처럼

컹컹컹
나도 너처럼
크게 한번 짖어본다

고양이 보법

겨울 속에 고양이 한 마리를 들였어요
발자국도 없이 우울만 찍고 다녀요

밥그릇 물어뜯는 개들을
무심하게 지나요

빈 가지에 내걸린 꼬리말을 알아요
여럿보다 독작이 유리하다는 것도요

흘린 말 줍는 놈이 임자,
보법 아닌 묘법이죠

피아노는 죄가 없다

바퀴 달린 손수레에 몸 실려 떠나는
수거라는 말이 명랑한 그녀를 울리고
이별의 내막을 모르는 참담한 뒤끝처럼

체르니 언저리를 맴돌던 되돌이표에 흐린 로망 하나가 눈물을 떨구던 날 그날도 비음이었다 헐벗은 비망(備望) 속에

유목의 길목에서 더는 함께 살 수 없어
흰 건반에 얹힌 검은 생도 딸려갔다

온음이 되지 못한 날,
플랫이거나
샵이거나

72년생 프로필

둘만 낳아 잘 기르자는 산아 제한 세대

유치원 베레모부터 각 잡힌 학사모까지

앨범 속 그녀는 이미,
교육 소비자였다

다자녀가 애국이 되는 저출산 시대

끊어진 경력에 이것저것 덧대어

필살기 경단녀의 스펙은
수년째 갱신 중이다

최저 시급, 실업 급여 구간마다 오가며

부록 같은 언저리 기웃대는 커리큘럼

눈 시린 안경알 너머

다산하는 기간제

코스모스 사회화

구름이 잡아당긴 목선이 가늘어
추분의 바늘귀에 꿰어둔 실들이

지상과 천상을 수놓은
들길은 로망스로

연지의 햇살처럼
곤지의 바람처럼
공기 중에 분분히 흩어졌다 모여든

타인들,
색색의 향취
노래는 한방향이다

가끔씩 나가기를 누르고 싶다

많이도 묶여 있다, 오지랖이 키운 생

방마다 카카오톡 차단은 숫자로 남아

안과 밖 닫아걸기도 난감한 문 앞에서

구원의 이모티콘 너를 찍고 숨어버린

속엣말 들킬 일 없는 역대급 엑소더스

내 안의 소요는 나의 것, 너와 내가 나뉘어

여름 화법

우거진 녹음 꺾어 잉크 물을 채운다
초록이 낭자하게 미끄러진 노트는

연이은 기습 호우에
목적어를 유실했다

쏟아놓은 부사 형용사 죄다 뒤적여도
행과 불행 숱한 불규칙 그 어디에도 없는

혹서기, 동사만으로
말복이 건너온다

냉장고를 부탁해

닫힌 문 열기 전엔 캄캄한 은둔의 공간
혹한의 냉기에 탈색 중인 고기 뭉치며
골이 난 감자 반쪽과 볼 샐쭉한 피망까지

묶인 봉지 매듭이 단두대의 목처럼
댕강댕강 잘려서 개수대에 쏟아지고
처절한 공간이동의 도발이 거행된다

누군가 밖에서 열어주길 고대하며
밀폐된 암흑 속에서 곪아가고 있던
꽁꽁 언 외로움들이 비명을 쏟아낸다

함지박

생각하면 웃음이 가만가만 나오고
담아도 덜어도 남에게나 나에게나

좋은 것 어여쁜 것만
그리 크지도 않은

적당히 내 크기에 맞출 수 있는 그런
내가 그 속에 담을 요량이 되는 그런

그 속에 박꽃 같은 이름
그런 그릇 되라는

제3부

방문객
— 지진 이후

송전탑 난간에 홀로 웅크린 고양이
얼룩진 눈동자 파고드는 실금 한 올

엄청난 살의가 다녀간
그날의 증언처럼

막 태어난 새끼들 물었다가 놓았다가
흔들리는 찌를 건너 허공에 매어둔 목숨

단 한 번, 물리지도 못한 채
사그라진 젖무덤

불안을 견딘다는 건 내력 없는 고통이다
뒤틀린 주름 사이 햇살은 부서져 꽂히고

못 지킨, 어미의 슬픔이
쩌억쩍 갈라진다

절대로, 라는 말

너무 단호한 것은 꺾어지기 쉬운 법
스스로 주문 걸듯 자존을 세웠지만
한순간 절대로에게 결심의 날[刃]을 걸었다

다이어트 작심처럼 좌절되기 쉬운 말
달아나는 파도처럼 엎어지기 쉬운 말
닫았다 여는 지퍼처럼 벌어지기 쉬운 말

사소함에 무너져 앓아본 사람은 안다
하찮은 잔돌에도 물소리가 넘어지듯

절대로 잡아선 안 될,
배반의 말
절대로

아침 일기

언제나 여기서부터 시작이다, 순결처럼

수액으로 번지는 푸른 언어의 창을 열고

그 아래 누운 고요를 경음으로 깨운다

저 혼자 밤을 걸어온 서정의 잎사귀가

미완의 빛깔로 가만가만 건네는 소리

첫 햇살 말갛게 풀어 그 이름 받아 적는

청동의 시간
—항사사 동종*

우기를 건너가는 풀잎들의 언덕 너머
녹슬지 않은 설화를 그러안은 호수가 있다

그곳은 깊고 커다란 소리의 무덤이다

만월이 흰 가슴 풀어
푸른 젖을 물린 날,

천상의 소리 꿈꾸며 잠이 든 비천상
시간의 비늘 털고 저 홀로 일어서니

염원은, 청동빛 울음보로 터졌다
녹 슬은 목울대가 일획으로 물러나고

환하게 솟구쳐 올라
또다시 피는 천년

---

*포항 오어사의 옛 이름. 1996년 저수지 준설 작업 중 굴착기 기사에 의해 발견, 고려시대 범종으로 보물로 지정.

알코올성 저녁

멱살을 조이던 넥타이 풀어놓고
시름으로 흔들린 불빛 창가에 앉아

병 속의 깊은 병에 든
한 생을 앓고 있다

밥벌이에 충혈된 하루가 울컥 맺혀
순장된 상처는 부패되지 않은 채로

소독내 짙은 한 모금
혈관 따라 흐른다

누구도 마주하지 않은 습한 저녁 앞에
갇혔던 울음들을 투명하게 쏟아낸

진통은 무통으로만
무한리필 되고 있다

실리콘을 떼어내다

때때로 거슬렸다, 엉겨 붙은 검은 꽃

말랑한 표정을 지나 굳어버린 입술

너와 나, 건너지 못한
욕망의 잔해 같다

숱하게 밀고 당긴 내열의 시간들

누렇게 변색한 순정 그늘마다 헤집어

밀착된 우리 사이의
패킹을 뜯어낸다

틈과 틈 풀어헤친 살과 살 조이진 말자

끝내 겹치지 않는 경계의 시간처럼

포개면 외려 달아나려는

사이라는 이름들

화생방展

은빛 실룩이던 수평선 프레임 따라
혼돈의 미세입자 덧씌워진 회화전

무장한 마스크 행렬,
공포의 퍼포먼스

그 어떤 필터로도 통제하기 어려운
발원지조차 모호한 잿빛 아방가르드

금세기 최고의 걸작,
관객들은 오리무중

보부상, 박 씨

탈색된 비단길 승합차가 덜컥인다
다국적 모발로 형형색색 도색한

빛 고운 염색약부터
웨이브 파마까지

한물간 봇짐 지고 출렁이는 하루하루
인터넷에 내몰린 시간의 뒤꿈치 물고

엔진은 목이 쉬어도
제 갈 길 열며 가는

온라인과 불통하며 내달린 외길에는
실크 같은 천연 머릿결, 돌고 도는 헤어숍

다 닳은 바퀴는 안다,
우직한 오프라인

맞춤법 검사기

발아를 꿈꾸는
씨앗 추려 시를 쓴다

새카만 언어의 종들, 나란히 앉혀보니

적잖이 빨간 줄이다,
세종이 다녀간 길

어떤 이력

실밥같이 휘청이다 엎어진 사랑초
끝장난 틈새마다 한 올 한 올 또다시

미완의 이별이었나,
자홍빛 못다 한 말

볕 좋은 날 모종삽에 헤쳐진 그 자리
한사코 다리 굵은 다른 종을 앉혔건만

처연히 일어선 외마디,
나 아직 사랑이다

미생의 꽃말

그저 늦게 피는 꽃일 거라고 생각했다

조금 더디다는 건
조금 돌아가는 것

보랏빛 사포닌 향을
입에 꼭 물었는데

언제 열릴지 알 수 없이 꽉 닫힌 문

낙망과 전망 사이 두드리고 당겨가며

밤새운 자기소개서
청춘이 다 휘어져

배달 불능 우편물, 그 속에 꽂혀 있는
창백하지만 단단한 흰 옷핀 같은 꽃말

가만히 꺼내 꽂아 본다

“언젠가, 꼭, 반드시”

노인의 해변

한껏 바다를 털고 돌아서는 해에게
챙겨가야 할 것은 추억만이 아니라는

현수막, 간지러운 문장이
목덜미를 잡는데

긴 수평선 공공근로 굽은 허리 밑으로
뱉어낸 폐비닐 은발의 모래 가루는

쓸어도 담기지 않는
망각의 파도인데

주름진 물결 따라 놀을 줍던 호미가
오늘은 저녁 바다에 기억을 심고 있다

버려진 여름 한 줄을
연신 줍고 메우며

완벽한 방언

눈발 설핏 딛고 간 키 낮은 돌담은
오름과 오름을 휘달려온 억새 바람과
파도가 파도를 넘어온
소리를 껴안았다

넘어지고 깨어진 억새와 파도의 말
돌담은 밤새도록 제 몸에 받아 적었나
빼곡히 찍힌 음절들
까맣게 그을렸다

구멍 숭숭 뚫린 무채색 섬의 언어들
몸 깊숙이 앉힌 단단한 속울음 같은
그 밤의 채록은 끝내
들을 수가 없었다

연민에 부쳐

사는 게 고통스러워 글을 썼노라며

원고지 앞의 필생은 연민이었다는

한 개비 검지에 기댄 연초 같은 그 말씀

봉수골 작은 책방 갈피마다 오롯이

한숨은 사라지고 생의 지문만 피어나

버리고 갈 것만 남아 홀가분하다*십니다

---

*박경리 유고 시집.

제4부

비대칭

좁은 땅을 다투며 넓은 하늘을 산다

높이로 승천할수록 농민이 많다는데

타워로 죄다 가버리면 농사는 누가 짓나

오늘은 센 놈이다, 출몰한 지네 한 마리

금배지가 잠식한 땅뙈기에 농부는 없다

밟혀도 죽지 않는 땅 거꾸로 치솟는 땅

도둑맞은 날

라면을 끓이려고 가스 불을 켜는데
물파스처럼 퍼지는 싸늘한 불 냄새

벗겨진 양은냄비 속을
소리들이 긁는다

약하고 비정한 것이
한 쌍의 통점으로

내 아이의 첫 문장은 불발로 부서지고

내 오랜 이웃의 문장들 때마침 역설이다

차갑고 달콤한 것
뜨겁고 쓰라린 것이

환하게 점멸하듯 부르르 떨려온다

불어서 터져버린 면발
소리 없이 삼키며

손을 그리는 손*

긴 것과 짧은 것
추한 것과 아름다운 것
한배에서 태어난 이란성 쌍둥이다

양손은
예술과 생존
서로를 간섭하며

왼손은 오른손을,
오른손은 왼손을
서로를 향해 흔드는 병발의 애증으로

손과 손
손을 그리며
돌고 도는 에셔의 손

---

*코르넬리스 에셔의 그림 〈그리는 손(Drawing Hands)〉.

가을 바게뜨

타닥타닥 오븐 속 가을이 익어간다

속살은 부풀고 겉은 바싹 터지는

구릿빛 시골 언덕은 불란서 제빵소다

채반에 반쯤 걸린 햇살이 구워내는

잘 익은 잎사귀마다 번지는 시나몬 향

중력은 온 생을 다해 남은 화력 쓰고 있다

붉은 콩 빵

오랜 그곳의 필름을 되감아 본다
제 아이를 말 태운 푸른 목덜미에서

팥알이 떼구르 구르다
발개진 귀를 잡고

달성에서 쪄내는 팥소 내음 움킨다
다 자란 키만큼 졸아드는 팥알 소리

허전한 목덜미에선
단내가 몰캉 구른다

젊게 웃는 가족들은 여전히 붉은데
모서리 낡은 사진 밖으로 삐져나온

적두병* 오랜 목덜미
기억마저 환하다

---

*대구 달성공원 입구 오래된 빵집.

선물의 질감

주말농장 지인이 보내온 시금치로
단무지에 달걀 풀어 김밥을 말아요

그냥에 대충을 뭉쳐
관심에게 건네죠

카카오톡 친구 찾기 생일이 떴길래
모바일 아메리카노에 하트를 쏘아요

터치는 가볍고 짧게
부담 없는 안부죠

약간의 간섭 혹은 일상이 선물이에요
특별이란 언어가 빚어낸 질감 속엔

편애가 자라고 있어요
사랑은 기울기죠

런치 타임

#1

까만 봉지 꽁꽁 묶어 벽에 건 도시락
막장에선 쥐를 잡지 않는다, 공생이다
행여나 무너질 조짐
그들이 먼저 안다

#2

조천 바다 너럭바위에 펼친 도시락
물질하던 해녀들 메뉴엔 해물이 없다
비싸도 육고기를 먹지,
담보했던 목숨이기에

#3

때를 놓친 편의점 2분 30초 도시락
이마저도 한 손엔 핸들, 젓가락도 없다

택배차 할당된 물량

실시간 울리는 전화벨

곤드레 읽기

온천관광 여행객 부려놓은 주차장 앞
바람의 때 껴입은 비쩍 마른 좌판엔
이름도 상표도 없는
로컬푸드 한 소쿠리

뜨거운 탕에 든 쌉싸래한 내 몸처럼
쪼그려 앉은 곤드레 혹은 부지깽이
불리고 끓여대느라
달그락대는 뚜껑 속

마른 시간의 더께만큼 김은 오르고
송골송골 맺힌 봄 물큰해진 체취 따라
지나온 건기의 내력
풀어 읽는 바코드

해상 누각

들레는 파도 소리에 아랫도리가 젖는다

꼿꼿이 서 있어도 흐려지는 몸의 각도

이 밤에 누가 또 우실까, 뜨거워진 물무늬

제아무리 몸 낮춰도 알 길 없는 물속은

날개 찢긴 새들의 막다른 비행이었나

흘러든 울음이 터져 수위는 높아만 간다

바라지

노령연금 삼십만 원
삼 대가 얹혀산다

엎친 손주 덮친 자식 질곡의 잔뿌리로

갈라진 고독의 살갗
숨어 사는 파열음

연립 빌라 외벽을 파고든 얼음 등골 나라미 싸락눈 씻던 손에 서리가 일고

빗장뼈 휘어진 사이
허옇게 피는 살 비늘

노인 일자리 꽃밭에서 꺾어 온 일당은 고사리손에 버스비 천 원도 천금인 양 쥐고 온 동전 몇 닢도 나머지가 된다니

덜어내도 고봉이 되는 허기를 딛고 북향으로 난 덕이 할매

문틈 사이로

초록이 햇살을 물고 까치발로 구른다

아마드*의 표류기

이방의 심줄로 흔들어대는 야광찌

물돛 풀어 호객하는 집어등 불빛 따라

매복한 아르고스**에 달려드는 고기떼

풍어를 꿈꾸는 칠흑 같은 연대기

역마살이 놓쳐버린 망망대해 모국어는

난바다, 멀고도 낯선 파도 살만 꼭꼭 문다

채낚기가 게워내는 먹빛 물빛 추려 담는

청운의 다국적 인력 일백 톤 갑판 위엔

한 생애 고봉으로 부푸는, 날 비린내 물큰하다

---

*인도네시아인 이주 노동자.

**그리스 로마 신화, 일백 개의 눈을 가진 거인.

골목의 플롯

언제나 말썽은 좁은 곳에서 나지요
후회가 먼저 와 있는 예감이란 말 속엔
불안이 묻어 있어요
접질린 커브처럼

뒷골목 낮은 담화 안테나만 높아요
파보면 파묻히고 피해 가면 피해 오는
소문은 넘어지지 않아
미로의 선로처럼

이제 그만, 동행과 헤어지기로 해요
모퉁이 구부러진 한 생각 펼쳐 보면
미궁은 내 안에 있어요
빗장의 바깥처럼

아낌과 궁상

오래 닦은 가난은 속살도 윤이 난다

거친 흙과 때 묻은 바람에도 광나는

아낌은 그런 것이다 안과 밖을 돌보는 것

급조된 가난은 까슬한 껍질이다

가진 자에 후하고 없는 이에 엄살인

궁상은 그런 것이다 열고 닫음을 모르는 것

제5부

건조기

거기엔 늘 먼지들이 웅성이며 고인다

습기에 눌어붙은 뭉텅이의 체위들이
동시에 몸을 던지며
무겁게 신음하는

날개 엉킨 박쥐가 우는 입구를 열면

깊고 긴 웅덩이에 플래시가 터지고
얽혔던 알록달록한
꿈들이 쏟아진다

울음을 뽑아낸 몸에선 보풀이 일고
탈고를 꿈꾸며 저당 잡힌 기호들

흩어진 마른 뼈 추려
거름망을 살살 턴다

아날로그 감성 카페

코르크 마개를 여니 시간이 쏟아진다
밀봉과 개봉 사이 순장된 청귤이

망사를 뒤집어쓴 채
하얗게 매복되었다

순수를 담금했던 소망은 간 데 없고
레시피에 잠자던 단내가 새어나왔다

쓰다 만 소상공인 서사는
단면으로 잘리고

벽에 걸린 릴케의 눈물을 홀짝이듯
뜨거운 몇 모금의 비통을 삼켰다

감성은 아날로그 뒤에서
레몬처럼 변절했다

마더

밥상에 오른 구운 가재미 한 마리
젓가락 푹 찌르니 온몸이 알이다

바다 끝 엎드린 내막
수심 모를 찬란함

그들은 함부로 알을 뿌리지 않는다
제 살점 갉아내어 안으로 품는다

알 속에 파묻힌 심장
어미라 불리는

---

*양선규 페이스북, 가재미 알에서.

일요일 오후

쇠라의 붓끝이 휴일 세 시를 지날 때

점묘로 봉긋한 탕녀의 치마처럼
식탁 위 지루한 튤립은
하품을 하고 있다

색깔을 섞지 않는 그랑자트 섬에서
원두를 내리며 전쟁을 듣는 것처럼

센강과 우크라이나는
아무 상관이 없다

오후는 식어가고 접방 시인은 말했다*
비탈 집 난간에 돼지감자꽃이 피었다고

한강변 무더기로 핀 꽃이
죄다 남 일이라고

---

*윤중호(1956~2004) 유고시전집 중에서.

빨래들

이른 아침 총총히 흩어졌던 식솔들
저물녘 늘어진 양말처럼 기어든다
나설 땐 각자였으나,
들고 보니 한통속

서로 다른 체온들이 죄 풀려 공유되고
부르튼 발자국도 솔기 터진 상처도
한참을 서로 껴안고
다독이며 감싸며

가족이라는 이름의 익숙한 살냄새로
하나씩 널어 말리면 새살 맑게 차올라
얼룩진 어제는 벗고
환하게 부푸는 힘

보온병

품었을 뿐
애써 몸을 바꾸진 않았어

차가운 건 차갑게
뜨거운 건 뜨겁게

되잖아,
둥근 우주 속

바깥에선
모르는

하회 종가길

탈춤을 보겠다고 하회마을 들었더니
늘어선 풀꽃들이 담벼락에 바짝 붙어
카펫을 펼쳐놓은 듯
고색이 창연하다

꽃가마 대신 모신다는 만 원짜리 전동차
양반도 초랭이도 탈춤으로 남은 길
신명 난 별신굿 탈놀이에
접대는 헛제삿밥이다

엘리자베스 뒤이어 앤드루도 다녀간
의전은 섶다리 건너 충효당 마당까지

이 길은
로열 웨이라며
호객하는 하회탈

연천

여기서부터 가을이다, 임진과 한탄의
철책 사이 코스모스 손 흔드는 허리쯤

아들을 부려놓고 왔다
군사 분계 선로 위

빈 대나무의 시간, 마디는 굵어지겠지
긴장이 부푸는 고요와 동요 사이

국적이 엇갈린 방언
범람할지도 모르지

남녘은 북녘으로
북녘은 남녘으로
뜻 없이 조준하다 저무는 GP 초소

보란 듯 고라니 한 마리
지뢰를 밟고 온다

공간의 단상

간섭이 간섭하지 않는 곳은 없을까

네모난 가방 메고
네모난 문 밖으로

단 한 뼘 입장이 없는, 입장을 찾아 나선다

각도와 각도 사이 진종일 쏘다니며

도처에 관계와
관계에 갇혀 사는

한평생 수인 속 수인(囚人), 생의 각을 걷는다

피데기 만장

병곡리 7번 국도변 물빛 푸른 포구는
철조망 건조대마다 만장으로 내걸린

실핏줄 투명하게 비치는
오징어 터널이다

선도 높은 살결에 피어나는 무지개
채낚기가 물고 온 꽃잎들의 난장이다

먹빛의 쓰라린 내장
다 비워내고 널린 몸

바람이 뱉어낸 해조음 늑골에 걸고
긴 다리 마디마디 펴주는 어부 아낙

반쯤만 마르는 하루,
받쳐 든 쪽빛 하늘

아침, 포구를 지나다

햇살이 실눈 뜨는 집어등 쪽빛 너머

야간 조업 어선들 밤새 젖은 몸을 푼다

바닷새 이른 잠을 터는 금발의 아침 포구

해풍에 모가 닳은 비릿한 간판 아래

어부의 성긴 그물들 고단함을 벗는다

짜디짠 손길로 펴 올린 바다가 내어준 길

어시장 랩소디

트림하는 물줄기 움켜잡은 손아귀들
목이 긴 장화가 끌고 가는 궤짝마다
첫 새벽 그물에 걸려온
바다가 출렁인다

난타의 좌판 위엔 토막말이 퍼덕이고
비린 날숨 토해내는 쩍 벌린 아가미들
수조 밖 못다 한 홍정은
갈매기가 낚아챈다

셈법보다 인심이 덤으로 얹히는 곳
동여맨 생의 결 퍼렇게 들썩이고
한 트럭 파도가 쏟아낸
소금기가 눈부시다

아이덴티티

글로벌 학교에 요셉 목사가 방문했다
몰려든 아이들이 미국 사람이냐 물으니
자기는 아니라고 한다
엄마가 그렇다고

그러면 한국 사람이냐 다시 물으니
이번에도 아니란다, 아빠가 그렇다고
자기는 천국 사람이란다
지상 어디에도 없는

칸나

태양이 낳은 파편들에 꼬리가 물렸다
직립을 뿌리에 걸고 쿨럭이는 저 행렬

마침내 가닿을 붉은 별
심장은 불을 긋는다

폭염이 진동하는 칠월에 생을 틔워
제 몸보다 뜨거운 축제장을 배회하다

단 한 번
화약고처럼 터지는
눈부신 상처

해설

고양이 보법으로 찍은 점묘

이강엽(대구교육대학교 교수)

1.

시인이 살금살금 다가옵니다. 고양이 걸음입니다. “발자국도 없이 우울만 찍고 다녀요”(「고양이 보법」)라 말하죠. 우울의 근원은 아마 “겨울 속”이거나 “빈 가지”일 텐데요, 여름 속이거나 무성한 가지였다면 그런 걸음걸이는 군더더기입니다. 표시 내고 가서 느긋하게 먹고 나오면 그만일 테니까요. 그러나 시인은 “밥그릇 물어뜯는 개들을/무심하게 지나요”라고 말합니다. 다 먹고 나서도 성에 차지 않는 식탐일 듯한데, 고양이는 그런 곳에 눈을 두지 않습니다.

시인이 시를 쓰는 자리가 바로 거기가 아닐까 합니다. 늘 무언가를 갈구하는, 그래서 허기질 수밖에 없는, 갈빗대가 보이는 고양이 한 마리가 앞을 지납니다. “흘린 말 줍는 놈이 임자,/보법 아닌 묘법이죠”라고 무심히 말하는 가운데 시인의 비책(祕策)이 들어 있습니다. 흘린 말을 주울 수 있게 되기까지, 남모르게 슬쩍 취할 수 있을 때까지 숱한 고비들이 있었겠고요. 또, 고비가 높으면 골도 깊겠고 말도 깊겠지요, 아마. 그래요, 시인의 고양이 보법을, 아니 ‘묘법(猫法)’(혹시 ‘묘법(妙法)’일 수도 있겠습니다!)을 따라가 보기로 합니다.

가장 좁은 통로로 가장 깊게 들어왔다

광경이 아니라
전망이 기다리는

누구든 부분을 사는 것
전부란 없는 거야

폴리스라인을 뚫고 결핍을 조준한다
모종의 단서가 숨어 사는 지층 아래

소심한 갈망을 본다
전지적 시점으로

이것은 비극을 엿보는 한 방식이다

수직의 질문이
징후를 파고들면

막다른 무의식의 말
아파도 아프지 않다

—「내시경의 역설」 전문

우리는 언제나 속을 궁금해합니다. 속을 알 수 없는 사람이라 답답해하면서 말이지요. 그런데 그 답답함을 풀기 위해 들어선 내시경의 시야에 뜻밖의 장면이 들어섭니다. "광경이 아니라/전망이 기다리는" 사람에게 애석하게도 전망이 들어오질 않는 거죠. 애써 "폴리스라인"을 뚫고 "수직"으로 내리꽂은 내시경 앞에 드러나는 것은 허탈한 "징후"일 뿐입니다. 그래서 "아파도 아프지 않다"고 뇌는지도 모르겠습니다.

그러나 이것은 내시경의 숙명입니다. 작은 징후로 많은 것을 풀어보려는 열망이, 어쩌면 어차피 "전부란 없는 거야"라 일러줄 듯합니다. 전부를 알고 싶지만 부분에 머물게 될 때 누구나 좌절하지요. 문제는 이 좌절이 상처로만 남느냐 도약의 발판이 되느냐의 여부일 것입니다. 내시경에 관한 흥미로운 내용이 하나 있는데, 바로 '역설반응'이란 겁니다. 보통 내시경 검사를 하기 위해 진정시키는 약물을 투입하는데요, 소수의 사람에게서는 거꾸로 평소보다 각성이 커져서 과격한 반응을 보입니다. 시인이란 그 역설반응이 일어나는 소수의 사람이 아닐까 생각해봅니다. 그래서 "아파도 아프지 않다"는 각성이 더욱 소중합니다. 아픈지 안 아픈지도 모르고 지나는 많은 사람들에게, 아파도 안 아픈 척, 남의 아픔이 내 아픔이 아닌 척 지내온 지난 시절들에 작은 고양이 발자국이 찍힙니다. 그러나 다행스러운 것은, 그 아픔을 아는 순간, 환자로 확인되는 것이 아니라 온전한 삶으로 한 발 나갈 수 있다는 사실입니다. 내시경의 역설은 그렇게 우리에게 구원의 손길을 건네줍니다.

이러한 시인의 눈은 세상의 아픈 곳에 두루 미칩니다. 취업준비생, 공공근로 노인, 어렵게 사는 가족, 떠돌이 잡화상 등등이 그런 예입니다. 아직 피지 않은 꽃을 보며 "언젠가, 꼭, 반드시"(「미생의 꽃말」) 꽃말을 붙여주는가 하면 "쓸어도 닮기지 않는/망각의 파도"(「노인의 해변」)로 위무하기도 하며, 가난한 집의 문틈으로 "초록이 햇살을 물고 까치발로 구른다"(「바라지」)며 희망을 잃지 않게 다독여주지요. "엔진은 목이 쉬어도/제 갈 길 열며 가는"(「보부상, 박 씨」)에서 보듯 앞의 절망이 채 가시기도 전에 희망으로 되치기를 해냅니다. 이는 시인이 예각화된 시각 못지않게, 남다른 온정을 지녔다는 한 표징이겠습니다.

온정의 눈길로 길을 나설 때, 보이는 것이 죄다 안쓰럽습니다. 군대 가는 아들을 군사분계선에 "부려놓고"는 "긴장이 부푸는 고요와 동요 사이"(「연천」)를 포착해냅니다. '비무장'지대의 '완전무장'이 주는 아이러니입니다. 피데기 말리는 포구를 지나면서 "철조망 건조대마다 만장으로 내걸린"(「피데기 만장」)으로 읊는데요. 납작하게 펼쳐진 오징어를 만장으로 표현한 것도 그렇지만, "먹빛의 쓰라린 내장/다 비워내고 널린 몸"인 오징어를 "바람이 뱉어낸 해조음 늑골에 걸고"로 어부 아낙을 병치한 게 절창입니다. 피데기 신세의 오징어나, 오징어를 말리는 아낙이나, 그걸 보는 시인이나 너나 나나 매한가지죠. 타자의 고통(passion)과 함께(com-)할 때, 연민(compassion)이 일고, 그 가운데 들어앉은 시인이라야 온 우주를 울리게 됩니다.

2.

그림에 관심이 많은 시인은 우리를 쇠라의 그림 앞으로 이끌어냅니다. 저 유명한 〈그랑자트 섬의 일요일 오후〉인데요, 시 제목 또한 「일요일 오후」로 잡았지요. 점묘법을 구사한 이 그림의 "색깔을 섞지 않는 그랑자트 섬에서"는 어떠한 색깔도 순수한 한 색의 점으로 표현되어 독립하게 됩니다. 나아가 시인은 이 시의 시작에서 "쇠라의 붓끝이 휴일 세 시를 지날 때"

라 하여 그 시간까지 정교하게 제시합니다. 휴일 오후 세 시란, 그냥 아무 일 없이 지나기도 헛헛하고 무언가를 새롭게 시작하기도 애매한, 말하자면 두 세상에 걸쳐 있는 시간대입니다. 그 애매함에 기대어 시인은 “센강과 우크라이나는/아무 상관이 없다”고 나지막이 말하지요. 쇠라의 그림에 등장하는 무표정하게, 혹은 평화롭게 센강을 보고 있는 신사숙녀들과, 전쟁의 참화에 모든 일상이 정지된 우크라이나가 그저 각기 다른 점과 점으로 시인 앞에 다가선 모양새입니다.

시인이 본 우크라이나의 색깔을 알지 못합니다만, 웬만큼 그림을 그려본 이라면 확인하는 대로, 여러 색이 함께 뒤섞이면 대체로 회색에 수렴할 듯합니다. 어느 쪽에든 다 속하는 화려한 혼합색이 아니라 어느 쪽에도 속할 수 없는 무채색 계열의 회색빛이 되는 것입니다. 그러면서 작고한 시인의 시가 오버랩되는데요, “비탈 집 난간에 돼지감자꽃이 피”든 “한강변 무더기로 핀 꽃”이 있든 그 모든 것이 “죄다 남의 일”이 되고 마는 무심함에서 시가 끝나지요. 지구 어디에서 전쟁이 나든, 꽃이 피든 독립된 하나의 점일 뿐인 현실을 비판적으로 다룬 듯하지만, 점묘법의 원래 의도가 그렇듯이 사실은 그 인접한 두 점이 저절로 혼색이 되어 우리들 눈에 포착되는 법입니다. 한강변 무더기로 핀 꽃이 남의 일로 지난다고 담담히 말하는 것 같지만, 그것이 아프게 들리는 한 결코 남의 일일 수 없습니다. 우크라이나 전쟁이 곧 모든 인류를 아프게 하는 것을 아는 듯이 말이지요.

이처럼 사건과 사건, 사람과 사람이 인접하여 있을 때, 필연적인 간섭 현상이 일어납니다. 시인은 그 간섭이 너무 싫어서 "간섭이 간섭하지 않는 곳"(「공간의 단상」)을 찾아 나서는데요, 마침내 도달한 지점은 "단 한 뼘 입장이 없는, 입장"일 뿐입니다. '입장(立場)'은 말 그대로 서 있는 장소이지만, 확고히 서 있는 입장이 없는 상황에서 또렷한 입장을 찾아 나서는 모순에 대해 이야기합니다. 자신이 서 있는 자리에 절대적 입장의 좌표를 찍는 게 아니라, 관계 속에서 벌어지는 상대적 입장으로만 어림되는 자신의 자리에 대해 성찰합니다. 본래 있던 다른 색들을 섞어 새로운 색깔을 만드는 게 아니라, 인접한 색들의 관계에 의해 새로운 색깔이 재정립되는 점묘법입니다.

이러한 점묘법이 가장 강한 힘을 발휘하는 경우는 보색입니다. 파란색과 빨간색이 나란히 서 있을 때 보라색을 만들어내는 것 같은 선명함이 장점이지요. 시인이 찾아 나선 「꿈과 꿈」이 바로 그렇습니다. 현실에서는 도달할 수 없는 이상적인 세상도 꿈이고, 깨고 나면 허망한 헛것 또한 꿈입니다. 시인은 이 상황을 "환상과 이상을 오가며 서식한다/곡선의 꿈에 안긴 피카소의 꿈같은"이라고 읊습니다. 이는 바로 신화의 세계입니다. 현실에서는 있을 수 없는 가짜와, 언젠가는 꼭 이루고 싶은 진짜가 공존하니까요. 피카소의 곡선은 눈앞의 이

쪽 면과, 보이지 않는 저쪽 면을 가로지르는 마법을 선보입니다. 그래서 2차원의 평면에 3차원의 입체를 담을 수 있는데요, 시인이 말하는 꿈의 세상이 또 그렇습니다. "수면과 불면을 사는" 꿈의 숙명이 고스란히 드러납니다. 잠을 자면서 꾸는 환상의 꿈과, 잠 못 이루며 생각해보는 이상적인 상황이 사실은 한 곳에 있고, 그것이 바로 오늘입니다. "오늘은/초현실적인/환불 없는 삶인데"로 마감하는 이 시가 주는 매력은 "잃었던 어제를 살까 내일을 훔쳐볼까"의 미혹에 빠지지 않는데 있습니다. 잃었던 어제는 실체가 분명하지만 이미 지나간 헛것이고, 훔치고 싶은 내일은 있을지 없을지 모르는 실체 없는 이상입니다. 그 둘을 한데 모으려 시인은 '오늘'에 집중하며 '꿈'과 '꿈'을 한자리로 모으고 있습니다.

여기에서 더 나아가면 두 개가 아니라 세 개, 네 개의 점이 연이어 나타나기도 합니다. 가령, "창문을 열어두고 베토벤을 듣는데"로 시작하는 「비, 창」을 보시지요. 베토벤을 들으면서 비가 와서 창에 부딪히는 소리를 듣습니다. 그 음악이 실제 베토벤의 피아노소나타 〈비창〉이었는지는 알 길이 없습니다만, 분명 비창(悲愴)하게 내뺍니다. "건반을 헛디딘 잃다를/잊다로 듣는 밤"으로 이어지면서는 '잃다'와 '잊다'가 가지런히 놓이는 것이지요. '잃다'와 '잊다'의 경계는 생각만큼 크지 않습니다. 잃어버린 것은 잊기 쉽고, 잊어버린 것은 잃은 것과 같은 경우가 많으니까요. 그러나 그것이 "잠시 내 것이다가

잊거나 잃게 된 것들/다시금 잇는 게 빗물의 일이라면"으로 이어질 때, '잃다'가 '잊다'를 지나 '잇다'로 거듭납니다. 그리하여 "아직은 닫지 못하지/젖은 창의/음표 하나"에 이르면, 시인이 느끼는 비창함을 아직 끝내지 못하는 한 순간이 방 안 가득 머물게 됩니다.

물론 보색이 아니라 인접한 색깔로도 점묘법이 가능합니다. "오래 닦은 가난은 속살도 윤이 난다"(「아낌과 궁상」) 같은 아포리즘류의 진술이 그렇습니다. 가난이 비록 허름한 것이기는 하나 오래 갈고닦은 가난이 "안과 밖을 돌보는 것"이라면, 급조된 가난은 "까슬한 껍질"일 뿐이어서 "궁상은 그런 것이다 열고 닫음을 모르는 것"으로 진단합니다. 안과 밖이 통하고 열고 닫음을 아는 데로 나갈 수만 있다면 가난조차도 반짝거리는 보물이 될 수 있음을, 그렇지 못한 궁상에 견주어 설명하는 방식입니다. '가난'과 '궁상'을 대립시키지 않고는 얻을 수 없는 삶의 통찰이 반짝이는 생활철학이지요.

3.

시인은 고양이 보법으로 살금살금 다가가 점묘법으로 몇 개의 점을 쳐놓고는 슬쩍 사라지기를 즐깁니다. '고양이 점묘법'으로 명명할 만한 작법입니다. 이 시집에서 이러한 특장이 가장 잘 살아나는 또 하나의 영역이 있다면 바로 여성을 다룬 시입니다. 세상의 절반이 여성이라는 말은 그 절반이 남성이라는 말이기도 한데요, 이는 어느 편이든 그 절반을 놓치면 나머지 반도 위태롭다는 뜻입니다. 시인이 여성이라는 점에서 여성에게 눈이 갈 것은 당연하지만, 이번 시집에서는 그 점이 더욱 도드라집니다.

피지 않고 수태돼버린 생인 줄 알았다
꽃자루 속 이브가 물고 있는 숨은 상처

만삭의 허기를 안고
수유기를 앓고 있는

지상에 알을 품은 육체는 꽃이다
벌 나비 교접 없이 영그는 붉은 점액

메마른 적막 속으로
산란하는 그 여자

—「은화과(隱花果)」 전문

은화과(隱花果)는 무화과의 다른 이름입니다. 그러나 세상에 꽃이 없이 피는 열매가 있을 수 없고 보면, 무화과라는 본이름이 잘못된 이름일 것 같습니다. 작은 꽃들이 꽃자루에 숨겨져 있어 잘 안 보일 뿐이고 그래서 '은화과'의 제명이 붙었습니다. 더구나 이 꽃이 성경 창세기의 아담과 이브와 관련이 되고 보면, 인간으로서는 피할 수 없는 성(性) 문제를 벗어나기 어렵습니다. 이 때문에 시인은 첫째 연부터 "피지 않고 수태돼버린 생인 줄 알았다"고 썼을 겁니다. 꽃자루 속에 숨겨진 아주 작은 꽃, 그래서 잘 보이지 않지만, 그것으로 수태의 기적을 일으킨 그 꽃에 있는 '숨은 상처'를 끄집어낸 것입니다.

고통은 거기에서 그치지 않습니다. 만삭에도 허기를 안고 살아야 하고 수유기의 고통을 겪어내야만 합니다. 그러나 인간의 성행위에 비견될 식물의 수분(受粉) 과정이 무화과에서는 평범을 거부합니다. 꽃이 잘 드러나지 않기 때문에 여느 꽃처럼 벌과 나비가 달려들지 않는 것이고, 아주 특별한 벌레가 그 안에 파고들어 가 수분을 하고 죽습니다. 이렇게 "벌 나비 교접 없이 영그는" 게 얼마나 지난한 일인지 안다면, 무화과의 붉은 점액이 예사롭게 다가오지 않습니다. 벌 나비 없이, 이를테면 동정녀로서, 또 태초의 원초적 인간으로서의 여성이 드러나는 것으로, 여성의 반대편에 서 있는 남성과의 만남에 의해서가 아니라, 여성 안에 들어 있는 남성성을 온전히 끌어안습니다. 마른 늪에서 물고기를 낚는 것 같은 그 인고의 세월이 물 한 방울 나지 않는 적막의 사막 속에 산란하는 용기를 북돋고 있는 것입니다. 이 점에서 「은화과(隱花果)」는 이

땅의 모든 여성에게 바치는 여성찬가이기도 합니다.

이런 맥락에서, 투명하다 못해 속이 빤한 시가 한 편 있습니다. 「여자傳」은 입전(立傳) 대상의 여성을 따로 고르지 않고 범칭 '여자'를 그 대상으로 한 독특함을 보이고 있습니다. 이는 모든 여자가 사실은 동일한 특성을 지니며 모든 여자가 입전 대상일 수 있다는 의미이기도 합니다. "일생이 그림자가 된" 이름을 하나 물고, "두툼한 월경대 누비 짓듯 한 땀 한 땀" 갑옷을 지어 제 한 몸을 건사하고, 그 몸으로 다시 온 세상을 만들어내는 그런 여자입니다. 그러나 그 여자가 지은 갑옷이 박물관 한 구석에서 "다 삭은 검정 실밥"으로 녹아내릴 때, 시인은 "한 여자,/잊힌 역사의 그 뒤편이/올올 붉다"로 절규합니다. 박물관에 걸린 갑옷의 임자는 남자였을 것이고, 그런 귀한 갑옷을 입을 만큼 대단한 영웅이었을 테지만, 그 갑옷을 누비고 그 사내를 낳고 먹이고 재운 그 남자가 드러내는 역사의 뒤편에 서 있을 뿐입니다.

「금달래」 같은 시도 그렇습니다. 이 시는 대구 일원에 전해지던 이야기에 뿌리를 두고 있는데요, 일제강점기에 어떤 실성한 여인을 남성들이 욕정의 대상으로 삼았다는 겁니다. 물론 그 여인이 실성하게 된 데는 처절한 사연이 있겠고요. 시인은 "발정 난 햇살이/사이렌처럼 퍼지는 날"로 남성들의 폭력성을 드러내는 것을 시작으로 "소리 없이/피는 입술"로 수동적으로 받아들여야만 했던 금달래의 아픈 속을 정리합니다. 여기에 봄철 우리나라 어느 산야에나 피어 있던 붉은 꽃 진달래에 서린 한(恨)이 버무려지면서 금달래의 울부짖음이 선명해집니다. 금달래가 진달래로 바뀌면서 '한 여성' 금달래는 '이 땅의 여성들'로 확장됩니다.

그렇다고 시인이 들고 나선 여자들이 다 그렇게 초역사적인 보편성을 띤 대단한 존재만은 아닙니다. 「72년생 프로필」에서처럼 "둘만 낳아 잘 기르자는 산아 제한 세대"로 태어났지만, 유치원부터 교육이 시작된 "교육 소비자"였지만, 세상이 바뀌어 "다자녀가 애국이 되는 저출산 시대"에 도리어 끊어진 경력 때문에 불평등을 감수해야 하는 "경단녀"로 전락합니다. 그리하여 시인이 "부록 같은 언저리 기웃대는 커리큘럼/눈 시린 안경알 너머/다산하는 기간제"로 탄식을 할 때, 시인은 더 이상 시인(詩人)에 머물지 않고 시인(時人)이자 시인(市人)이 됩니다. "메마른 적막 속으로/산란하는 그 여자"(「은화과(隱花果)」)가 "다산하는 기간제"로 내려앉기까지의 세월이 참으로 아득합니다.

4.

만만찮은 작품이 하나 눈에 들어옵니다. 바로 「최후의 만찬」입니다. 우리가 아는 최후의 만찬에서는, 예수가 제자들에게 말합니다. "너희 가운데 하나가 나를 배반할 것이다." 제

자들에게는 가히 날벼락이고 그림 속 표정은 그 당혹스러움을 여실히 드러내는데, 시로 쓴 최후의 만찬 또한 얼추 그렇습니다. "콘도르가 다녀갔다, 지상의 양식 앞에/입에는 나이프와 포크가 물려 있었지" 콘도르는 우리가 아는 한, 지상에서 가장 큰 맹금류입니다. 그러나 애석하게도 콘도르에게는 사냥 본능이 없습니다. 태생이 죽은 동물을 먹는 스케빈저(scavenger)여서 명줄이 다하거나 다해가는 동물만을 덮칩니다. 그래서 "연약한 살점"이 "간단히 찢어졌다"가 더욱 아프게 다가옵니다.

이 문제의 근원인 콘도르의 '입'에 주목해봅니다. 인간에게 있어 입의 기능은 소통입니다. 생명을 이어주는 양식이 들어갈 뿐 아니라, 다른 한편으로는 자신의 생각을 전해주는 말을 내보내니까요. 그런데 이 콘도르는 나이프와 포크를 입에 묾으로써 후자의 기능을 차단합니다. 탐욕스레 먹기만 하겠다는 심사인데 시인은 그것을 "안과 밖 에토스의 우월한 혀들"로 이야기합니다. 아리스토텔레스가 설파한 대로라면, 남들의 마음을 움직이려면 로고스, 에토스, 파토스가 두루 필요한 법입니다. 그러나 콘도르의 무기는 에토스에 집중할 뿐이지요.

> 죽어가는 랭보를 친구는 낭송했다
> 몇 줄 안 되는 그의 리듬과 살 냄새를

간신히 매달려 있던
육즙이 타내렸다

시는 그렇게 끝납니다. 지금은 요절한 천재시인으로 칭송받는 랭보이지만 살아서는 영 달랐습니다. 에토스로 중무장한 콘도르의 입은, 그를 이해할 수 없는 말을 지껄이는 동성애자 정도로 치부했습니다. 결국 견자(見者)로서 발버둥 치던 랭보는 쓸쓸히 죽어갑니다만, 크게 낙담할 필요는 없습니다. "육즙이 타내렸다"는 막음으로써, 결코 소멸할 수 없는 무언가가 남아 있으니까요. 최후의 만찬에서 즐긴 빵과 포도주가 다 없어졌다 해도, 예수의 살과 피는 오래오래 남게 됩니다. 견자의 운명은, 아니 견자가 되려는 자의 운명은 그렇습니다. 조금만 허점을 보이면 영락없이 내려앉는 콘도르 앞에서는 한없이 왜소하지만, 콘도르가 다녀간 뒤에 더 큰 존재의 흔적을 남기게 되는 법이니까요. 언뜻 보이는, 시인이 시를 쓰고 말로 입었을 상처 또한 잘 아물어서 생채기 대신 훈장이 되면 좋겠습니다.

그러고 보면 시인은 유난히도 시에 대한 생각을 시로 적기를 즐깁니다. 시로 쓰는 시론이 되겠는데요, 「시인」 같은 경우가 그렇습니다. '빨강'과 '파랑'의 대비로 시작하여 "달아나 버릴까/달려들어야 할까"로 고민합니다. 그러나 진짜 시인이라면 어느 한편으로 끊어내는 게 온당한 처사가 아닙니다. "밸

었던 색의 상처 가시처럼 삼키며" 우로보로스가 되어야 한다고 다짐하지요. 빨강과 파랑을 넘어, 도주와 돌진을 지나, 뱉고 삼키기를 함께하여 온전한 하나가 되는 길을 시인의 몫으로 정해두었습니다.

이 시집은 시인의 첫 시집이지만, "첫술에 배부르랴" 같은 말로 장도(壯途)를 격려해줄 필요가 없습니다. 모름지기 위업을 이룬 사람이라면 언제나 그 첫걸음에 마지막 걸음까지의 행보가 예비되는 법이니까요. 시인이 말한 대로 그가 "지상 어디에도 없는"(「아이덴티티」) 단 한 시인, 단 한 사람이길 기대하고 응원할 뿐입니다. 소리 없이 저만큼 사라지는 고양이 발자국을 즐기고 지켜보는 일만 남았습니다.

시인동네 시인선 180

내 오랜 이웃의 문장들

ⓒ 이희정

초판 1쇄 인쇄 2022년 7월 20일
초판 1쇄 발행 2022년 7월 27일

지은이 이희정
펴낸이 김석봉
디자인 헤이존
펴낸곳 문학의전당
출판등록 제448-251002012000043호
주소 충북 단양군 적성면 도곡파랑로 178
전화 043-421-1977
전자우편 sbpoem@naver.com

ISBN 979-11-5896-553-2 03810

*이 책의 판권은 지은이와 문학의전당에 있습니다.
*양측의 서면 동의 없는 무단 전재 및 복제를 금합니다.
*잘못 만들어진 책은 바꿔드립니다.
*이 시집은 문화도시 조성사업의 일환으로 2022년 포항문화예술지원사업에 선정되어 문화체육관광부, 경상북도, 포항시, 포항문화재단의 지원을 받아 발간되었습니다.